Mentalidad Prospera
En sencillos Pasos

Índice

Cuando comienzas a asumir la responsabilidad de tu vida y no solo dejarla al azar, a la suerte o a las acciones de otras personas, aprendes a detectar tu mentalidad negativa y de insuficiencia.

Haz sido programado desde tu entorno (es decir, familia, escuela, religión, comunidad, medios de comunicación, etc.) para cambiar tu vida y tu fortuna, cambiando tu mentalidad.

No sé sobre ti, pero yo no tuve entrenamientos de mentalidades prósperas en mi infancia o parte de mi edad adulta. Y nunca llegué a entender por qué no nos empoderan desde nuestra juventud, a todos.

No obstante, quiero compartir contigo cómo tú puedes comenzar a tener más control, poder y prosperidad en tu vida.

Todo comienza con tu mentalidad. Una mentalidad próspera es una energía de alta vibración que atrae hacia ti nuevas circunstancias, personas y eventos para ayudarte a crear tu vida ideal.

Una forma segura de aumentar tus probabilidades de tener éxito es tener una mentalidad orientada hacia la riqueza y la prosperidad.

¿Por qué? Porque las acciones que realizas a diario, hasta la cantidad de esfuerzo que realizas para alcanzar tus objetivos, provienen directamente de tu mentalidad.

Si deseas poder desarrollar una mentalidad que te lleve a crear una riqueza poderosa para ti, sigue las sencillas recomendaciones que aquí te presento.

Mentalidad Pobre
Conoce sus señales para evitarla

Ya sea que estés soltero/a o casado/a, empleado/a o desempleado/a, el dinero es una de los pilares más importantes de la vida.

Intenta no prestar atención a tu dinero durante unos meses y veras qué sucede con todas las demás áreas de tu vida. Aunque mantenerse al tanto de las finanzas personales es algo muy importante, muchos de nosotros decimos que no tenemos tiempo para organizarnos.

Normalmente no tienes tiempo para planificar tu futuro financiero.

Es posible que hayas cultivado una mentalidad de pobreza en relación con tu dinero. Puedes haber experimentado algo en algún momento de tu vida que ahora dicta tu mentalidad con respecto a tus finanzas.

En consecuencia, operas desde un espacio mental que te deja con resultados menos que deseables y que normalmente te hacen pensar en expresiones como:

"Nunca seré rico".

"Nunca tengo dinero suficiente".

"No soy lo suficientemente bueno".

"Nunca seré feliz".

Estos pensamientos constituyen una mentalidad de escasez. También se la llama mentalidad de pobreza porque con ella resulta extremadamente difícil atraer riquezas y prosperidad.

Con ella, puedes centrarte en nunca tener suficiente y puedes estar deteniéndote para alcanzar la vida que mereces.

Hay 5 señales que indican tener una mentalidad de pobreza o riesgo de desarrollarla.

1.   Falta de ambición: Si no haces planes, te resulta difícil imaginar una vida mejor o tiendes a "conformarte" con lo que se te ofrece es muy posible que tengas una mentalidad de escasez.

2.   Ser pesimista o victimista: Resulta difícil lidiar con las cosas malas que nos suceden, sin embargo, es posible que regularmente estés viéndote a ti mismo como una víctima que no tiene poder ni control. Junto con esto, es probable que seas pesimista y esperes más negatividad en tu camino.

3.   Envidia: Cuando ves a personas con tremendo éxito, prosperando y alcanzando todo aquello que siempre soñaste.

4.   Tomar decisiones basadas en el miedo: Esto significa que te enfocas en evitar las cosas malas y en protegerte del daño en lugar de concentrarte en obtener cosas buenas o acoger positividad en tu vida.

5.   Enfocarse en lo que no tienes: Te sientes atraído/a por los pensamientos sobre lo que te falta. Esto a menudo acompaña a la tercera señal, ya que cuando piensas en lo que no tienes, tu atención se desvía rápidamente hacia las personas que parecen tener todas esas cosas que anhelas.

Tener abundancia financiera no sucede sin pensarlo primero. Las riquezas no vienen sin la mentalidad adecuada.

Muchas personas desean hacerse ricas y exitosas, pero ¿cuántas de ellas piensan constantemente en cómo llegar allí?

La mayoría tiene una mentalidad de escasez y realmente no cree en su éxito.

Una mentalidad de abundancia se enfoca en todas las oportunidades posibles para obtener una mejor situación financiera al mismo tiempo en el que te permite estar abierto a cada una de estas oportunidades.

Debes evitar esta mentalidad negativa, adoptar una mentalidad de abundancia y creer que puedes ser financieramente libre y que puedes ser rico o económicamente estable, todo depende de que necesites para sentirte bien.

La cruda realidad sobre las deudas

Todo comienza con una pequeña compra en tu tarjeta de crédito y luego, antes de darte cuenta, tienes miles de dólares en deudas.

1.   Te alienta a gastar más de lo que puedes pagar: Hay algo en la deuda que te tienta a seguir gastando incluso cuando no puedes pagar las cuotas.

El atractivo de la deuda es el hecho de que puedes obtener la satisfacción de obtener cosas nuevas ahora, sin tener que pagar. Eventualmente, ese gasto te alcanzará y no se sentirá tan bien.

2.   Te impide cumplir tus objetivos financieros: Los pagos mensuales de la deuda limitan la cantidad de dinero que tienes para gastar en otras cosas.

3.   Puede provocar estrés y serios problemas médicos: Cuando tienes deudas, es difícil no preocuparte por cómo vas a pagarla o cómo evitarás endeudarte más para llegar a fin de mes.

4.   La deuda ejerce una presión innecesaria sobre las finanzas del hogar y crea una falta de seguridad financiera para tu cónyuge y tus hijos. En un estudio

con más de 4.500 parejas casadas, los investigadores vieron que las parejas que contrajeron más deudas con el tiempo tuvieron más probabilidades de separarse.

5.   Tus hijos pueden guiarse por una mala administración del dinero: Cuando se trata de ser padre o madre, siempre estás comunicando algo a tus hijos. Siempre están mirando lo que haces y escuchando lo que dices. Te están mirando y aprendiendo de ti.

6.   Disminuye el sentido de estabilidad de tu familia: Mientras que quienes ahorran crean estabilidad, quienes eligen vivir más allá de sus posibilidades experimentan inestabilidad. Asumir deudas es asumir riesgos y coloca las finanzas de tu familia en una posición muy riesgosa.

Un gasto imprevisto puede enviar las finanzas a un abismo. Y de alguna manera, su carga recae sobre los hombros de todos en la casa.

7.   Afecta tu vida profesional: Las deudas afectan tu estado mental durante el día, incluso en el trabajo. Esto afecta tu productividad y puede poner en riesgo tu posición. Si tienes tu propio negocio, te verás con márgenes reducidos, dificultad para obtener

préstamos, un bajo crecimiento de tu compañía y un alto riesgo de quiebra.

Tener suficiente dinero para pagar todas las facturas permite mantener a nuestras familias, planificar el futuro y disfrutar de nuestro tiempo libre.

No tener dinero restringe nuestras elecciones y causa estragos emocionales.

Pero ojo, prestar dinero para pagar esas cuentas conduce a más deudas, lo que puede conducir a todo tipo de problemas que no tienen nada que ver con la contabilidad.

Para resolver tus problemas con deudas, necesitas una nueva mentalidad financiera.

Por eso, decide moverte a una nueva dirección y a una salud financiera de prosperidad. Una que disminuye tu estrés, enseña a tus hijos a manejar el dinero de manera inteligente y aumenta la sensación de estabilidad de tu familia.

Si la deuda te está volviendo loco, la solución para tus problemas puede estar a tu alcance.

Hazte una pregunta simple.

Si te despiden, tu empresa va a la quiebra, o simplemente decides que te has estresado lo suficiente con tu trabajo, ¿cómo sobrevivirías?

¿Tienes un fondo de emergencia del que puedes sacar ahorros? ¿Un "Plan B" que implica volver a vivir con tus padres? ¿O tienes otras fuentes de ingresos en las que puedes confiar mientras tanto?

Si tienes a tu trabajo diario como única fuente de ingresos, te vuelves vulnerable.

Por eso necesitas más de una fuente de ingresos:

1.   Si eres como la mayoría de las personas, obtienes un pago constante durante los meses del año, y usas ese dinero para todo. Puedes pensar que tu trabajo es estable, pero cualquier persona puede perderlo en cualquier momento por cualquier motivo.

Debes estar preparado, no importa cuán increíble seas o cuánto le gustas a tu jefe. Dependiendo de la jerarquía, es posible que tu jefe no pueda salvarte cuando tu empleador esté buscando reducir costos o reestructurar tu departamento.

2.   ¿Qué sucede si la empresa para la cual trabajas se cierra?: La norma, hasta hace poco, era levantarse temprano, conducir al trabajo y trabajar allí hasta retirarte. Mientras tanto, el trabajo desde el hogar era visto como algo para aquellos con menos habilidades.

Esta mentalidad tradicional ya no se aplica. Con la tecnología emergente, muchas compañías se ven obligadas a pivotar y las compañías que solían considerarse "seguras" se ven obligadas a reducir o cerrar por completo. ¿Qué se supone que debes hacer cuando suceden eventos como este? Sin una fuente de ingresos extra, te verás en problemas.

3.   Cuando piensas en lo que te detiene, tu respuesta probablemente es que sientes que estás atado a un solo trabajo por razones financieras. Pero si tienes varias fuentes de ingresos que cubren los gastos básicos, serás libre para perseguir tus pasiones.

Este es uno de los mayores beneficios de tener múltiples flujos de ingresos.

4.   ¿Cuánto estás ahorrando para la universidad de tus hijos?: En lugar de poner en riesgo tus finanzas al

ahorrar para la educación de tu hijo, ¿por qué no crear un flujo de ingresos alternativo para ese fin?

Tener múltiples flujos de ingresos que traen efectivo cada mes puede ayudar a aliviar la carga de pagar la universidad.

5. ¿Cuántas veces has podido pagar en efectivo por un automóvil?: ¿Podrías pagar un gran proyecto de mejoras para tu hogar sin pedir un préstamo?

Utilizar un segundo o tercer flujo de ingresos y ahorrar para este tipo de compras hará que no tengas que pedir un préstamo ni pagar intereses.

Contar con múltiples flujos de ingresos ya no es un lujo, se ha convertido en una necesidad.

Si la alta tasa de desempleo y la creciente pérdida de empleos nos han enseñado algo, es que el trabajo para nadie está a salvo. Desafortunadamente para la mayoría de las personas, su única fuente de ingresos es su trabajo, y esta puede ser una forma arriesgada de vivir.

Tienes la oportunidad de crear múltiples fuentes de ingresos desde trabajos que se adapten a tu estilo de vida. Construye fuentes de ingreso extra.

Los millonarios, en promedio, tienen 7 flujos de ingresos. Han aprendido que la diversificación y la creación de múltiples flujos de ingresos son la clave para la creación de riqueza a largo plazo.

Esto, a su vez, es la clave para lograr lo que muchas personas sueñan: *libertad financiera.*

Si actualmente obtienes dinero de una sola fuente, trata de diversificar tus ganancias. Si tienes un horario apretado y una cantidad limitada de capital, que te restrinjan las fuentes que puedes buscar, hay opciones disponibles para todos. Investiga un poco, encuentra algo que se adapte a ti.

Durante el transcurso de tu vida, veras personas que no pueden dejar de culpar a otros por su grave situación financiera.

Como si fuera culpa de todos los demás que no puedan salir de sus deudas.

En algún momento, estas personas necesitarán examinar las decisiones monetarias que tomaron y aceptar la responsabilidad personal de su situación actual.

¿Buscas a alguien a quien culpar cuando algo va mal con tus finanzas? ¿O tal vez sientes que estarías en una mejor situación si las circunstancias hubiesen sido un poco diferentes?

Tus pensamientos pueden impulsarte hacia adelante o mantenerte atrapado. La forma en que piensas sobre ti y las oportunidades que se te presentan determinarán la dirección en la que irás. Tomar conciencia de tus pensamientos te ayudará a cambiar tu mentalidad.

¿Alguna vez te planteaste alguna de estas situaciones?

- Tener deudas no es tu culpa

- Tu pareja es responsable de tu situación financiera

- Tus padres son responsables por no enseñarte sobre el dinero

- Alguien más controla tus finanzas

- Ayudar a otros cuando deberías estar ayudándote a ti mismo.

Es posible que estés jugando el juego de la culpa sin siquiera darte cuenta. Es entonces cuando culpar a otros se convierte en una práctica diaria y te acostumbras tanto que lo usas para lidiar con todos los problemas de tu vida.

Pero culpar a otros es un comportamiento dañino. Estás arruinando tus relaciones, salud mental y futuro.

Esto puede estar ocurriendo:

1. Lo estas usando como un mecanismo de defensa.

2.   Alejas a las personas: Si sigues culpando a los demás, eventualmente no tendrás a nadie a tu alrededor que realmente te apoye.

3.   No tienes derecho a culpar: Si culpas a alguien por tu situación, es hora de mirarte al espejo y asumir la responsabilidad.

4.   Es la salida fácil: Culpar a otros es una manera de evitar asumir la responsabilidad. Es otra excusa más para no tratar con la causa real del problema.

Tal atajo no conduce a relaciones estables, a aprender de tus errores o incluso a alcanzar tus objetivos.

5.   Puedes culpar a cualquier cosa, desde la sociedad y la vida hasta la terapia y la educación: Otra razón por la cual culpar a otros es un hábito horrible es que te está controlando. Empiezas a culpar más y más, ya que es lo único que sabes. Pronto, cualquier cosa puede ser la razón por la que te niegas a aceptar y asumir la responsabilidad.

La culpa te convierte en una víctima. Reconocer que culpas a alguien es el primer paso para cambiar tus hábitos. Hazte responsable y si no puedes hacer un cambio de inmediato, comience a cambiar pensando de manera diferente.

No hay una sola manera de definir lo que significa ser financieramente saludable, porque se verá diferente para todos.

Más que nada, la salud y prosperidad financiera se trata de determinar qué funciona para ti. Se trata de poder vivir como lo deseas, pero también de cuidarte a ti mismo en el futuro.

A medida que vives tu vida cotidiana, te puede resultar difícil aceptar la responsabilidad de tu felicidad y éxito.

Si bien haces muchas cosas bien, es posible que no te des cuenta de que estás estableciendo barreras que te impiden llegar al éxito. Y puede ser difícil vivir la vida dentro de esas restricciones.

Eso queda más evidente cuando piensas en tus finanzas.

Debes aceptar que puedes controlar tus decisiones y tu actitud puede marcar una gran diferencia en tu vida.

Tu mentalidad puede afectar cosas como la forma en que aprendes, manejas el estrés y los riesgos. Afecta tu salud emocional, física y financiera, además de desempeñar un papel importante en la forma en que tomas decisiones, cómo gastas, ahorras e inviertes tu dinero y cómo vives cada día.

Es importante para una mentalidad de abundancia

1.   Convertir lo que te falta en oportunidades. En lugar de revolcarte en tu escasez de efectivo, tu mente está llena de ideas generadoras de ingresos para que puedas ganar más dinero.

2.   Encontrar soluciones beneficiosas para todos para que todos puedan beneficiarse.

3.   Dejar de ver lo negativo en tu vida y ver todo lo bueno y positivo que tienes.

Aquellos que han adoptado mentalidades de abundancia no están controlados por impulso, y comparten fácilmente con otros. Siempre tienen suficiente para hoy y mañana.

Si hay algo que necesitan o quieren, encontrarán una forma de conseguirlo. Pero no están en constante búsqueda de las cosas. La abundancia crea libertad.

Con una mentalidad de abundancia, sueñas y piensas en grande. Eres un aprendiz de por vida que siempre aprovecha las oportunidades para aumentar tu conjunto de conocimientos y habilidades. Pero no se trata solo de ti. Cuando los que te rodean encuentran el éxito, tus felicitaciones también son sinceras.

Tener una mentalidad de abundancia te ayudará a comenzar el negocio de tus sueños, crecer en tu puesto de liderazgo, regresar a la universidad para obtener el título que aún deseas, todo mientras compartes con los demás.

En síntesis, las personas que piensan abundantemente tienen seguridad financiera real porque hacen que las cosas sucedan y persiguen lo que quieren.

Después de aprender más sobre la mentalidad de abundancia, puedes ver por qué es tan importante adoptarla. Si crees que actualmente no la tienes, comienza por cambiar algunos pensamientos.

Puedes leer algunos planteamientos que te haces y que pueden mostrarte la diferencia entre la escasez y los pensamientos de dinero abundante.

Pensamientos de escasez:

- No puedo pagar por esto
- El dinero no crece en los árboles
- No hay suficiente dinero
- Cuantas más horas trabajas, más dinero ganas
- No puedo hacer eso porque no tengo el dinero

- Tengo que elegir entre lo que amo y ganar dinero

Pensamientos abundantes:

- El dinero es bueno
- El valor crea dinero
- El tiempo y el dinero no están directamente relacionados.
- No tengo que trabajar más para crear dinero.
- Puedo amar mi trabajo y crear mucho dinero.
- Me encanta tener dinero.
- Siempre tengo suficiente dinero
- Dono dinero y me siento bien
- La deuda no significa nada sobre mí

Tus pensamientos, sentimientos y actitudes sobre el dinero impactan tu capacidad para cumplir objetivos y generar riqueza.

Si bien la riqueza tiene un significado diferente para cada persona, la mayoría de las personas quieren ser financieramente independientes.

Y tú puedes elegir creer lo que quieras sobre el dinero.

Tus creencias serán lo que impulsan tus acciones y te conducen a resultados, así que elige creencias que respaldan los resultados que deseas.

Toma el control de tus finanzas

La mayoría de nosotros sabemos la importancia de realizar un seguimiento de gastos. Pero, ¿cuántos de nosotros lo hacemos? La mayoría de las personas en el mundo no lo hacen. Pero entonces, tampoco es sorprendente que al final del mes terminan preguntándose a dónde fue todo su dinero.

Todo se reduce a una mala planificación financiera. Si te encuentras en bancarrota a fin de mes, sin alcanzar tus objetivos financieros o simplemente no estás seguro/a de dónde va todo tu dinero, tengo tres palabras para usted: seguimiento de gastos.

Puede parecer trabajoso cuando comienzas, pero puedes hacerlo tan simple o complicado como quieras y es el primer paso para comprender cómo administras tu dinero y tomar el control de tus finanzas.

Puedes empezar por:

1.   Crear conciencia financiera.

2.   Identificar gastos: Registrar tus gastos puede ayudarte a identificar problemas de gastos.

3.   Cumplir con tu presupuesto.

4.   Volverte más disciplinado y organizado.

5.   Trabajar junto con tu familia o pareja.

6.   Dejar de preocuparte por el dinero.

7.   Comenzar a planificar tu futuro financiero.

Si tienes dificultades para ahorrar o invertir, probar una nueva herramienta puede ser el camino para tomar mejores decisiones y garantizar tu éxito.

No hay atajos para obtener riquezas.

Si fuera tan fácil como algunos lo hacen parecer, ¿querrían compartir el secreto de su éxito? ¿Querrían más competencia? ¿No estarían todos negociando opciones para ganar dinero fácil?

No, es la respuesta a todas las preguntas anteriores.

Entonces, ¿cómo adquirir riqueza?

El enriquecimiento es una opción, pero las consecuencias de esa elección sólo vienen con perseverancia, dedicación y coraje para tomar algunos riesgos.

Sin esfuerzo, resistencia y la capacidad de superar las dificultades (incluso renunciar a algunas cosas a corto plazo), no se pueden cumplir los objetivos financieros.

Si deseas prepararte adecuadamente para este desafío, ciertos aspectos de tu vida deben tomarse muy en serio.

Tú trabajas. Superas la rutina diaria. Sacrificas lujos. Ahorras una parte de tus ingresos e inviertes.

Mes tras mes, año tras año, ves crecer tu dinero. Tus dólares se convierten en cientos. Cientos se convierten en miles. Miles se convierten en diez mil.

Nadie quiere escuchar las predicaciones sobre trabajar duro y ahorrar mucho. Nadie quiere que le digan que deben renunciar a su increíble casa y su lujoso automóvil. Nadie quiere que le digan que deben vivir un estilo de vida simple y realista.

Pero todos quieren que se les venda sueños de ganar dinero fácil.

Por eso la gente va a los casinos. Por eso juegan con las probabilidades de la lotería. Y por eso las personas apuestan sus ahorros de toda una vida a una acción que esperan que explote en el futuro.

Pero un ejemplo clásico de lo que sucede con muchos ganadores de lotería es que no pueden mantener su fortuna por mucho tiempo.

Por lo tanto, no importa cuán grande sea tu deseo de convertirte en millonario, está claro que nadie logra tal hazaña de manera desordenada, sin trabajo y sin planificar la vida.

Porque no hay atajos a la riqueza.

Pero hay personas que tomaron el camino correcto y tuvieron resultados. Personas comunes que no tenían ninguna ventaja especial en la vida, no crecieron ricos, no ganaban salarios altos, no poseían ningún conjunto único o avanzado de habilidades, no tenían títulos avanzados ni se graduaron de universidades de élite, no heredaron dinero de sus padres, abuelos, parientes u otros, no poseían cosas elegantes. Son ricos porque siguieron el camino hacia la riqueza.

Es un camino que la mayoría puede seguir: los únicos requisitos son la coherencia, las inversiones y el tiempo.

1.   Debes dar prioridad al control de tus finanzas personales.
2.   Tienes que ahorrar.
3.   Debes aprender a invertir tus ahorros.
4.   Tienes que darle tiempo.

Hacerse rico requiere fuerza de voluntad y resistencia. Cuando tengas algo de dinero y aún quieras mejorar tu situación financiera, puede ser extremadamente útil obtener asistencia profesional. Puedes contratar a un asesor financiero calificado que pueda ayudar a desarrollarte más.

¿Cuánto tiempo lleva desarrollar una mentalidad próspera?

La mejor parte del desarrollo de esta mentalidad es que puedes comenzar de inmediato, mediante educación, estrategias y luego acción.

La clave es comenzar de a poco y hacer frente a objetivos pequeños. Al igual que los intereses compuestos, estas pequeñas inversiones se acumulan con el tiempo y aumentan tu progreso hacia tus objetivos de riqueza.

En cuestión de meses, semanas o incluso días, tus objetivos de riqueza estarán en la vía rápida hacia el éxito.

No hay una fórmula simple a seguir. Quizás tengas una idea brillante y la veas. Quizás comiences un negocio con un gran cofundador. Tal vez, trabajes duro, ahorres de manera inteligente e inviertas en riquezas.

Al final del día, cada uno debemos tomar la ruta adecuada para nosotros.

Sin embargo, quienes lleguen hasta el final serán las personas capaces de desarrollar y mantener la mentalidad de riqueza.

¡Recuerda algo muy importante! Tu cambio de mentalidad y producción de riqueza depende de TUS ACCIONES y no de la opinión de otros que no viven tu vida.

www.ingramcontent.com/pod-product-compliance
Lightning Source LLC
Chambersburg PA
CBHW030558220526
45463CB00007B/3114